L'invisibilità degli insetti.
Quando scrivevo "Le mie pagine." ero convinto che la capacità "occulta" di svariate specie di insetti fosse quella di riuscire a teletrasportarsi. Ora ho però una nuova teoria fra il naturalismo empirico ed il fenomeno paranormale. Presumo che, in realtà, essi possano invece divenire totalmente e letteralmente invisibili all'occhio umano. Io non sono in grado di dare una spiegazione scientifica a questo fatto ed uno scienziato bollerebbe tutti questi discorsi con il termine allucinazioni, presumo, così come hanno già fatto alcuni medici. Ma infondo la Natura è assai bizzarra, e se un giorno qualcuno provasse la reale esistenza delle mie teorie empiriche al limite della fantascienza non mi stupirei affatto.

Le pagine di Lerosche:

Scritti di Ali Demoniache, Arcimosche, vespe teletransporters.
Credo che in queste pagine si parli di Naturalismo, Naturalismo poiché la Natura, in realtà, oltre che bizzarra, è "magica". L'evoluzione, forse, che ha dato ad alcune specie di insetti volatili la capacità di rendersi invisibili per sfuggire a lucertole ed aracnidi, forse uno strano batterio, in grado di rendersi invisibile anche sotto la lente di un microscopio.
Dai miei occhi intrisi da anni dei postumi, dei residui dell'amanita muscaria, e del resto, vedo insetti teletrasportarsi a me dinnanzi.
Getto lettere e parole sullo schermo, le sparo con una Calibro 9, lascio fare al dizionario informatico il lavoro di grammatica.
Vivo in altri tempi, diversi da quelli in cui visse Virgilio, diversi da quelli in cui vissero Galilei, Ariosto od altri, magari Darwin.
Ora vivo, affronto un Mondo che ha il sapore che ha il Caos.
Quivi sono narrate alcune delle vicende di Adzi Lerosche,

druidico negromante.

Successe in ere odierne, o forse succede da sempre, che le mosche iniziarono a volare nemanco fossero demoniache.

Le vespe, i calabroni, le farfalle, pure.

Pare, o forse sono solo allucinato ma pare che più di una specie di insetto, qui, non dico dove, possano spostarsi da una parte all'altra del cosmo, in aria, volando … ma, talvolta, scomparendo dallo spettro elettromagnetico.

Ciò portò Lerosche a cercar di carpirne i segreti,

Questo non vuole essere uno scritto scientifico,

una sorta di poema in stile Urlo, semmai. Combinato con L'origine delle specie.

Questo non vuole essere perciò uno scritto scientifico, poiché non è uno scienziato a scriverlo.

Non v'è scienza, solo empirismo, realtà, che ha il sapor di fantascienza.

Saranno poche pagine, pochi concetti, poco spazio lasciato all'arte, svariato spazio lasciato al mondo degli insetti.

Neo demoni luvgarioti corrono nel cosmo, gazze ladre, gechi, lucertole.

Per certi ragni, non basterebbero i più grossi ramarri, forse i varani.

… già, mancavano nelle citazioni gli aracnidi.

Breve nota: sono leggermente aracnofobico , ma in Natura rispetto tutto.

Amo alcuni insetti, mi piacciono le formiche.

"V'è al Mondo una specie di insetto volante, non so io quale sia il vero nome di tale specie, non so se già sia stata dalla scienza ufficiale scoperta.

In questi scritti la descriverò, la nominerò: il moscerino leroschide.

È grande quanto una piccola zanzara, più o meno quanto una zanzara tigre, ma totalmente innocua.

Non ho ben capito di cosa si cibi, non di sangue, presumo, non ho mai visto alcun stiletto.

Penso si cibino di cose liquide comunque, qualcosa che sia diluito in acque un poco stagnanti, ma non troppo, non sono bestie da palude, me le ritrovo di tanto in tanto in alcune aree della mia dimora, della mia casa.

Tento di giocare con loro, tento di muovere le mie mani, le mie braccia e le mie dita in caotiche direzioni, puntando proprio le dita il più possibile verso di loro, seguendole con lo sguardo finché posso, finché non si nascondono dietro una parte di spettro elettromagnetico invisibile all'occhio umano ed è come se fosse il loro medesimo teletrasporto.

Queste e questo sono le mosche di Lerosche: il moscerino leroschide.

Per cercare di fare un po' più di luce sul discorso in cui vi ho introdotto in questo scritto.

Ho scelto di prendervi un secondo come esempio le lucciole. Il loro intermittente barlume di "stranezza", fra il lume della ragione, quello della natura nella notte e quello nelle lampadine delle nostre case.

Vi dico, ma forse sono solo un visionario totalmente pazzo, forse sono solo gli effetti postumi dei miei trascorsi da idiota. Sta di fatto, dicevo, che oltre a queste miriadi di passate mie visioni cosmiche, oltre ai dolori del corpo cui la vita mi ha sottoposto, oltre a tutto questo, vi sta un altro mondo, quello degli insetti, che pare in queste zone, esser diventato davvero interessante, oserei definirlo in modo disarmante, come già ho più volte sostenuto, ancora qui sostengo sia in grado di teletrasportarsi, nell'arco di qualche metro (brevi rotte), direi: "darsi al nulla cosmico per poi tornar nel tutto del cosmo", tutto ciò sul Pianeta Terra, nel Duemiladodici, pare sia un anno di grandi cambiamenti su Gaia.

L'idea di Gaia, pianeta vivo, è cosa vera?

Tendenzialmente dicono di no, ma gli eretici non esistono più da un pezzo, non per il luvgarioti almeno, semplici divulgatori di leggende metropolitane ed urbane, caotici cercatori di fantasmi.

Incastrati fra dare notizie dagli indirizzi della Rete.

Nel sottobosco della "letteratura", letteratura fra virgolette poiché non è un letterato a farla.

Le Pagine di Lerosche vogliono esser infatti letture giuste per streghe, pazzi, zombie, non-morti.

Dietro ogni Mito v'è una parte di verità,
e quivi ripeto, che il mondo degli insetti sta cambiando, le vespe stesse talvolta quivi si teletrasportano, e volano, si liberano in aria con quelle ali demoniache, con quei pungiglioni che già ben visibili si temono.

Scompaiono, si nascondono.

Arma che l'evoluzione ha dato a loro, demoni alati nel mondo.

I miei pensieri corrono, vanno a quei loro cugini arciveleniferi, e a quei "cugini" miei, altri uomini, che hanno
giocato con la vita di altri e altre con dei fottuti veleni. Ma sono storie già contenute in parte in altri miei monologhi su svariate cazzate, e altri.

Diamine … lasciatemi almeno un poco di odio reattivo! Ne sono praticamente certo: hanno tentato di avvelenarmi più e più volte, mi sembra di rivivere momenti della vita di Rasputin, non sono ancora morto.

Ai posteri, il compito di correggere i miei errori nel testo, le virgolette, le imprecisioni e i mancanti punti.

Ma vediamo il dubbio e la confusione:

"C'è davvero qualcuno che con la forza della psiche può piegare i cucchiai? Uri Geller, che personaggio strano. Mi piacerebbe conoscerlo di persona, un giorno. Intanto sto pensando ad alcune mie fotografie che andrebbero fatte analizzare da un team di cercatori di fantasmi che abbia computer, individuatori e mezzi utili per poter studiare alcuni miei strani particolari, sguardi infausti.

Ma la cosa che davvero andrebbe studiata sono loro: le Mosche di Lerosche, le "mie" mosche, tra virgolette "mie" perché, e voglio solo sottolinearlo, quelle mosche, quegli animali, sono di nessuno, anzi, sono solo "loro stesse". C'è chi disse che il "vivi e lascia vivere" è la miglior forma di rispetto. Infatti vivi è lascia vivere, nel l'intero Mondo con il suo Perpetuo Moto, nell'Universo Infinito.

Il dubbio, le mie perplessità …

Penso che quegli insetti siano stati contaminati da una sorta di raro batterio, penso ciò poiché non è una sola specie che vedo scomparire ogni due per tre fuori dal mio spettro elettromagnetico davanti e con i miei occhi. O forse sono neurotrasmettitori rilasciati dai loro cervelli. In ogni caso, io ne sono convinto, alcune specie di insetti sono in grado di diventare invisibili, devo solo trovare qualcuno che sia in grado di provarlo con un video a rallentatore mentre uno di essi compie questo atto.

Mi sorgono dubbi, perplessità, di nuovo caos nella mente, confusione.

Forse sono solo io che sono totalmente in preda a delle visioni. Forse quegli insetti così incredibili a vedersi li vedo solo io. Fatto sta che io ormai ci ho fatto l'abitudine nell'averli attorno, ripeto, li ho osservati per più ore nel corso di quasi un anno almeno in diverse stanze della mia casa, ma anche di fuori.

Pensate, un dì vidi un grosso calabrone, grosso e nero, bhè quello stesso insetto nero è giunto dall'alto volando per poi scomparirmi davanti in un battito di ciglio, anzi, il ciglio io nemmeno l'ho battuto, ho tenuto ben aperti e sbarrati gli occhi tutto il tempo.

Però vivo costantemente nel dubbio, insomma, non importa a nessuno, ne ho già parlato un po' in giro, ma prendono tutti la cosa alla leggera.

In più, in più non saprei da che parte iniziare per catturarne un paio, nutrirli, dargli ossigeno, acqua e un habitat decente.

Inoltre non avrei alcun mezzo, e facoltà, per studiarli.

Quindi ho deciso di lasciare una mia testimonianza scritta, su ciò che pensa sia vero la mia mente, su una parte di ciò che la mia mente trova sia vero.

Penso che sarebbe una scoperta sensazionale, incredibile, ma forse non l'ho scoperto io, forse è già stato scoperto da altri.

Forse quei batteri provengono da laboratori segreti.

Non so più nulla, forse quegli insetti sono piccoli droni robot dei servizi segreti mascherati da mosche e piazzati quasi sempre attorno a me per spiarmi.

Non v'è certezza in ciò che vedo coi miei occhi aperti talvolta, v'è solo il dubbio, anche se nella mente sono immagazzinati tutti i ricordi, i ricordi di ciò ch'io ho veduto ad occhi aperti.

E forse è proprio per ciò che io ho veduto che mi do un tono tanto demoniaco.

Sono, comunque, convinto che funghi allucinogeni e il resto abbiano fatto il loro lavoro."

In queste pagine Lerosche chiuse un discorso aperto sui suoi dubbi, sulle sue perplessità, sul suo caos.

"Quello che vedo è una società, un'umanità anzi, che è corrotta, che si fa scudo di favole e menzogne per annegare nel segreto realtà disarmanti. Certo, vi sono anche coloro che sono vittime dei potenti, inconsapevoli annegati nel caos, vivono una vita di stenti, cercano di crearsi un po' di conforto attorno ma è che spesso nemmeno ce la fanno a trovarlo, e annegano, come me, si straziano.

Vedo i soliti insetti volanti, forse li vedono tutti, ma solo io riesco a percepirne alcuni movimenti, forse solo io me ne accorgo di ciò che fanno, ma sono anche ed ancora nel profondo dubbio: diventano invisibili o si teletrasportano? O possono fare entrambe le cose se il loro istinto(?) lo vuole ... ?

Sento l'Omertà che pervade il Mondo tutto, sento e vivo la sofferenza d'esser come la vittima di un complotto, mi sento come un avanzo di galera avendo fatto ben poco per meritarlo, mi sembra che ogni due per tre possa uscire qualcuno da un angolo che mi cerca di avvelenare, poi ci sono gli psichiatri, quelli che mi vogliono curare, quelli che dicono che sragiono, deliro. Il Delirio è attorno alla mia vita et ad i miei insetti diabolici."

Lerosche, come sempre spento, apatico di fronte ai possibili nemici ed ostacoli troppo grandi e grossi per lui, poiché lui infondo, è ancora solo un uomo, un uomo che sostiene che diverrà un Arcidemone un giorno, ma solo nei giorni che seguiranno la sua medesima morte, dopo il suo trapasso, da morto.

"Intorno a me vedo la civiltà, osservo i miei simili.

Sento che c'è del vero ma c'è del falso sempre.

Io addirittura non so più cosa sia vero e cosa sia falso, io, io sono annegato nel dubbio.

Sono Adzi Lerosche, ho un nome che per metà è omonimo di un Drago in un videogioco.

Sono cresciuto a pane e videogiochi.

Mi sento come impossessato da 12 demoni, nel Duemiladodici, qui, pensando ai Maya e a Nostradamus.

Queste, queste e altre sono le vie che ho percorso prima di giungere al dubbio sugli insetti e sulla vita in sé.

Non comprendo, non so se mai a qualcuno interesseranno le cose che ho scritto, prima, dopo, adesso."

Lerosche: breve riflessione sull'umanità.

"Infine i dubbi rimasti sono alcuni, per quanto riguarda gli insetti che ho attirato a me:

1. Sono solo frutto della mia immaginazione? Sono visioni?

2. Sono veri ma ne percepisco i movimenti solo io?

3. Questi insetti, di queste zone, così rari, da lasciare in mano all'evoluzione, come hanno fatto a diventare così?

4. Diventano semplicemente di un colore invisibile all'occhio umano per determinato tempo e poi tornano

visibili? (un po' come fanno le lucciole, ma non ad intermittenza perpetua)

5. Oppure sono davvero in grado di teletrasportarsi con le proprie ali e corpi da una parte all'altra del cosmo, volando, in aria.

Chi svelerà i miei dubbi su questi strani, strani insetti?"
le Pagine di Lerosche, su ali teletransporters.

"In tempi di Crisi non v'è stallo che possa impedirmi di proseguire un lavoro senza alcun compenso: cercatore di fantasmi, lo spettro visivo dopotutto è vasto quanto manco possiamo immaginare, non sia mai che molti animali facciano cose che noi potremmo solo riprodurre tramite macchinari, solo per distruggere questa Natura, ch'è sanguinaria, ma era la loro, non nostra, siamo alieni atterrati qui migliaia di anni fa per distruggere queste povere bestie con le loro armi, le abbiamo riprodotte per mangiarcele, li abbiamo sfruttati fino all'osso, abbiamo ucciso le prede dei lupi per farci un cappotto, non abbiamo alcun senso, l'umanità mi ha davvero sfinito, non la sopporto più, vorrei essere l'ultimo uomo in, anzi "su" Terra solo per esser certo che siamo estinti, che la Natura potrà riprendersi, e poi morire anche io, tornare da voi nell'Aldilà, se esiste, fratelli e sorelle mie tutte … "

Erano esseri liberi, senza aggeggi che possono solo distruggere. Infondo siamo noi i loro demoni.

Se mai gli alieni verranno a prenderci, arriveranno qui per portarci la loro cultura, scienza, ragione, bhè, ci hanno mandato i loro antenati qui, sono da estinguere pure loro.

Aprite gli occhi: la nostra è una specie debole, ha bisogno di vestiti per il freddo, aria condizionata per il caldo e la tigre di Sumatra vive sempre con lo stesso manto, lo stesso volto, così, coerente con il tutto, con il resto, ode all'istinto, morte al pensiero, non siamo degni dell'universo, nessuno lo è fra coloro che devono evadere da un Mondo per contaminarne un altro, con le loro trovate Nucleari, senza senso, razza debole di un'altra parte di Universo, giunta su un mondo non suo e per farne un Inferno, per ridicolizzare le locuste, illusi che possiamo far qualcosa per sto Mondo, estinguerci noi umani, null'altro.

Un dannato corvo ci vive e basta sul mondo, non pensa né a distruggerlo né a salvarlo. Non mi resta che respirare ancora un po' di quest'ossigeno ch'era, son convinto, magnifico, ma che ora è quel che è …

E se è vero che la vita proviene dallo Spazio, io dico che rettili ed insetti già qui erano vivi e noi, in quell'asteroide, sottoforma di batteri e/o spore ci siamo qui trasferiti tramite i nostri antenati, ma forse è più ragionevole la teoria del L.U.C.A. (che non sono io e non c'entro niente).

E non so davvero più, se anche nel caso venissimo dall'Universo, siamo imparentati ed evoluti dalle scimmie, se Darwin ed i greci che prima di lui lo avevano intuito avevano ragione.

Catastrofiche ipotesi finali, disarmanti, di Lersoche.

LE PAGINE DI LEROSCHE VOLUME 1 E ½.

Deadpool non esiste mi sa, sono davvero sfortunato … chi mi aiuterà contro il terrorismo?!?

E … Spiderman … chi mi aiuterà contro le mafie?!?

Non lo so ma dico io … ho molti nomi, Lerosche, uno di questi.

Dico io, da luvgariota: se Dio e gli dei e Satana ed i demoni sono mai esistiti erano i nostri antenati, scimmie, così, l'anello mancante dell'evoluzione, forse …

Ecco questo è quel che vi aspetta … nel volume 2 di questo scritto.

I Deva … vengono da un universo precedente a questo?!?

Hanno loro creato tutto questo?!?

O erano scimmie anche loro ... non so risponder io a questo.

E che la Scienza mi consenta la metafora.

Se gli dei e Dio e Satana ed i demoni e Bacco e Zeus ed Ade e Moloch e Satanachia e Mefisto e Mefistofele e Malacoda e cerbero e l'Idra sono cose mai esistite.

Se mai fu esistito qualcosa o tutto questo allora erano tutte bestie, primitive, peraltro.

Venuti tutti forse da Atlantide, ch'io so ove si ergeva ... presumo ... penso ...

Piccole scimmie, con le loro code attaccate ai rami e ...

... continua.

◆ Le mie pagine, parte seconda.

Il tempo ... ed i pipistrelli che volano velocissimi e forse, e dico forse possono anch'essi dopo essersi cibati di questi strafatti e magici insetti divenir parte stessa dell'invisibilità del non-spettro. Calabroni neri dotati di pungiglioni assai dolorosi, da shock anafilattico al primo colpo. Fortuna la magia, il caso, le allucinazioni, l' amanita muscaria assunta tanti anni fa, l'LSD, la marijuana consegnata in seme alle formiche da erba ed ai merli in un prato a fine Estate nell'ospedale.

Ed i piccioni, col movimento della loro testa che pare quasi un martelletto che gli va indosso … e poi quel giorno, davanti a me ed ai miei occhi, in un intero stormo, appollaiati su una casa d'epoca in via Torino, io passavo e lì intorno nessuno, loro che volano giù sull'asfalto, come se sull'asfalto ci avesse buttato delle manciate di semenze qualcuno … un fantasma, forse … chissà … mistero!

Sconfiggerò gli hacker, cracker, anzi che ho nel PC?!? Bo!

Posso davvero farlo, di freddare qualcuno con un qualche rito?!? Magari spingere un'autocombustione spontanea, magari contro quei serial-killer che giocano con veleni e sostanze tossiche.

Magari un qualche arma la potrà fornire un qualche tipo di teletrasporto naturale …

E chissà … se le formiche, se lo/li mangeranno quei semi di marijuana. Se le formiche porteranno così lontano il seme cosicché possa nascere in mezzo ad un habitat naturale ad ella perfetto … o se nascerà qui, nel ricovero dentro il quale tutti sapranno quanti picche mi sono fumato … per il momento ho messo davanti all'ingresso di un tunnel fra erba e terra dura, davanti all'ingresso di un formicaio, una piccola

quantità di marijuana, che sono certo si siano divorate
da subito. A dire il vero potrebbero averle estratto
tutto il nutrimento ed io aver trovato l'involucro …
una strana scena ripetutasi con un coleottero e il suo
esoscheletro.
☺
E il miele d'api, mi chiedo se sia infondo possibile
produrne di cannabis.
Il miele di marijuana per tutti in tutte le farmacie. O
magari anche in qualche cannabis-club.
Il nettare degli dei … ☺
Lasciarla lì, la verde a cinque punte, da Marzo a
Settembre, una bella piantagione marijuana biologica
non geneticamente modificata con gli alveari vicino,
con magari nelle vicinanze un vero boschetto con
qualche alveare di ape selvatica,
Dell'Aldilà che ne penso: penso che se un Aldilà c'è,
nel dubbio, da agnostico, penso che sia tutto quanto
per chi ha avuto una vita fatta di materia, in un modo
o nell'altro …
A volte vedo fantasmi, non so come definirli, non so
se siano davvero persone morte …
E Vlad Tepes, con l'anima dannata qui presente del de
Sade, i pipistrelli in giro alle 08:00/09:00 del mattino.
Ed il tentativo, verso le otto del mattino di dare da
mangiare un piccolo pezzo di cima fiorita di
marijuana ad una qualche lucertola, ripetuto poi nel
pomeriggio, in questo giardino o parco pubblico.
Ed il tentativo di piantare i semi di rose rosse che sono
vive da almeno settant'anni, così nell'angusto spazio

di terra di fronte a casa mia, dove una vespa gialla e nera con ali sottili e trasparenti, diventò invisibile sull'albero di limoni, con i suoi rami da bosco ed i suoi speroni.

E quelle rose, rosse, io che mi tagliavo in tutto quel trambusto tra nastro adesivo, forbici, ed il mio sangue, lì, in quella terra, su Terra, ed un aracnide morto. Uccisi io i primi aracnidi in grado di diventare invisibili nella mansarda al mare, in cui vivevo, dove nacque di fronte alla finestra della mia camera Primo Volo, il gabbiano. Che ne mangiò forse ei di quella spugna tossica elettromagnetica, Requiescat In Pacem. Io quell'intruglio lo creai soltanto perché volevo capire se era la verità che la vita poteva nascere in un luogo tossico, ero un adolescente ed ebbi un'idea probabilmente stupida, ma che forse tornerà alla base di parecchio, posto che da quell'esperimento gli insetti potrebbero essersi evoluti e diventati capaci del teletrasporto.

In casa mia vivevano dei ragni marrone scuro che assomigliano alle vedove nere, io ammazzo tutti quelli che riesco e vedo. Sono davvero aracno-fobico, ultimamente a dire il vero sto cercando di portarli fuori se posso.

E quella lucertola che per sula volontà e/o istinto(?) … mi saltò sulla mano destra fra il portone esterno e la porta del mio antro al piano terreno e poi il caso la lasciò uscire dalla palazzina.

E quei piccoli insettini che di tanto in tanto vedo

sbucar fuori dai tasti della tastiera del computer, quelli simili a formichine …

Demone di Luce.

Le mummie luvgariote, lasciate, annegate esse nel fuoco, poiché il fantasma e l'ectoplasma nell'aldilà ha bisogno di tutto il suo corpo umano e/o animale eliminato dalla faccia di Terra, del pianeta Terra … posto che esistano e … forse.

Viva la cremazione, abbasso le tombe, R.I.P. … ora penso alla vita!

Ho visto l'esoscheletro bianco di un calabrone su una palma completamente risucchiato delle sue carni e della sua vita, forse da formiche rosse forse da un pipistrello, ho dato subito con un accendino fuoco dalle ali al pungiglione a quell'esoscheletro bianco come un mostro intrappolato, il fantasma di un calabrone nero divenuto bianco una notte, sopra, una formica rossa ha visto tutto. Gas, butano … ed ho avvertito il Corpo Forestale, ed i Carabinieri ed i Vigili Urbani. Gliel'ho detto: i testimoni di Geova avvelenano interi habitat perché hanno paura della magia … la odiano. Definiscono "magia" ciò che io definisco ormai natura, ossia la capacità che suppongo ormai di certo di aver scoperto -ma ancora nessuno l'ha provato scientificamente- la capacità, dicevo, di alcune specie di insetti volanti di diventare invisibili mentre si librano. Ghettizzano i disassociati, anche se loro parenti. Fanno morire, talvolta, se non si ricredono in tempo … fanno morire, dicevo, propri figli che hanno bisogno di trasfusioni soltanto perché c'è o ci sarebbero questi versetti de La Sacra Bibbia nei quali Gesù o chi per esso ci metterebbe in guardia condannando chi, ebbene sì, chi si ciba di sangue di altri animali … non so … forse ai tempi di Cristo v'erano riti pagani che prevedevano bevute di litri di sangue di capra magari … ci saranno stati sicuramente … ma dico io … al giorno d'oggi … ma poi che c'entra con le trasfusioni …

… lasciamo perdere.
Sarebbe più corretto dire "su" Terra, su Terra, poiché questo è il pianeta Terra e non "la" pianeta Terra, quindi su Terra, su Marte su Luna … Armostrong atterrò su Luna, sul satellite Luna.
E la mia terminologia poco scientifica, i nomi degli animali nel linguaggio comune poiché non sono uno scienziato, né un entomologo e una ricerca in Internet di ogni singolo nome di ogni singola razza o specie mi farebbe faticare troppo. ☺
E le formiche che divorano le vespe venutine ed i calabroni, li spolpano in migliaia di migliaia e se li portano nel formicaio. Io che calpesto uno per specie, quei coleotteri, e all'ingresso del formicaio porto qualche resto. Sacrificio animale di un druido, uccisione di specie pericolose per me, per la zona in cui sto vivendo, per tutte quelle api che qui in zona hanno l'alveare.
Ed il Naturalismo, l'Empirismo, il Luvgariotismo, la Patafisica su Dio, gli dei e l'anello mancante, o

meglio, uno dei passaggi evolutivi non noti, della nostra specie, che per leggenda luvgariota sono proprio loro: gli dei e Dio con loro, assieme a Satana, Ade e tutti gli altri … forse, provenienti tutti dall'isola Atlantide, vicina al Marocco, ed alla Spagna, divorate tutte quelle scimmiette dai calamari e dal Leviatano: il calamaro gigante. Atlantide, forse abbattuta a colpi di becco dai calamari e da ei: il Leviatano, il calamaro gigante, ere orsono … millenni fa. Forse da sommergibili nucleari nel corso di una qualche guerra. Forse, e dico forse, questa è solo patafisica, soltanto quello, scimmiette che crescono esponenzialmente, anche a livello di **mente** … con dei cristalli, forse, e dico forse, quelli dai quali qualcuno forgiò dei teschi. Magari cristalli divorati da squali e calamari a banchettare di uccelli marini, insetti, grossi lombrichi, rane, lucertole, scarafaggi, molecole di terreno emerso.

Terra, terra nelle fauci del drago marino, il charcarodon … non so se ai quei tempi vivesse ancora il megalodon …

So solo che questa è una teoria dell'evoluzione umana diversa da quella di Darwin … ma identica.

Soltanto dico io, se un dio esiste, se ne esistono molti di dei, se esiste Dio, Ade, Plutone (gemelli?), Diana, Bacco, Dioniso, Bal, Mefisto, Moloch, Satana, Satanachia, Cerbero, l'Idra, le idra e tutto il resto …

Se tutto ciò è esistito è tutto diverso da come ce lo hanno sempre raccontato.

Erano soltanto bestie, primitive, peraltro.
Bestie, e l'evoluzione ha dato loro poteri para-atomici, provenienti da cristalli che avevano fondamenta su Terra, il pianeta.
Se gli dei e Dio e Satana e gli altri sono mai esistiti essi erano i nostri antenati, non so in e/o di quale era, ma erano scimmie. Metafore.
Sempre ch'anima esista, sempre ch'io sia un semidemone, così come se Perseo fu semidio, ed Enea … bucoliche vicende da numero XIV … 14?!?
Ma infondo sono anche agnostico.
E sciami di moscerini che volano e diventano invisibili con il movimento di mie braccia e mani, in mezzo agli alberi. Cambiano colore, tramite neurotrasmettitori forse attivati dal contro-riflesso della luce solare di Luna … su Terra.
Presumo che questa razza di moscerino sia di color giallo in età infantile e che da adulta divenga nera, senza pungiglioni o forse con pungiglioni del tutto simili a quelli delle api.
Gioco con un muro, provo a distruggerlo con un mio solo tocco, poco dopo trovo pietre smosse e rotte.
Parlo con un geco, una lucertola che vive e si muove in un muro, al buio, e notturna, una di quelle che si vedono soltanto la sera dopo una bella canna d'erba.
Battezzo con ironia Maledetto un piccolo ma non troppo gatto randagio. ☺
Il processo evolutivo dei batteri è più rapido di quello di noi mammiferi, o di quello dei pesci.

Il processo evolutivo degli insetti e degli aracnidi è più veloce del nostro ...
Ed i corvi di Roma e Milano, i ratti di Genova nei vicoli coi loro muschi.

Una sigaretta fumata in fretta, una setta, una boccetta di bromazepam ...
Un dj ad Halloween con me.
I neurotrasmetittori ... quelli che si attivano nel cervello degli insetti con il Sole.
Quelle sostanze chimiche che ne derivano e portano alcune specie di insetto volante a divenire invisibile, a scomparire dallo spettro visivo, umano quantomeno.
Zombo, nosferatico mostro.
☺
Invento parole, nemanco fossi un semidemone sul serio,
io agnostico luvgariota.
Io fumato nel mio antro, nella mia stanza con un cd nel lettore dvd, di musica.
Il de Sade all'Inferno in una situazione cronica.
Lo spirito del barbiglio.
##
##
##
##
... spam, hacker, cracker, pc, U.F.O.
Indagini ... io che ho le mie impronte nel database della Polizia di Stato da quando avevo 18 anni.

IL CAOS, i Romani antichi, i loro riti pagani.
Le tisane, il timo, il basilico, il pesto, il tè, la canapa,
la ganja …
I fiori, gli insetti impollinatori che scompaiono dallo
spettro visivo detto in poesia dal visivo spettro.
Smile, emoticon, e tutto il resto …
Le mie pagine: un capitolo o due sugli insetti volanti,
che volando diventando invisibili, sull'occulto, sul
teletrasporto.
E … Deadpool … help my against the cracker …
WARNING!

Ho scritto a mano almeno 3.000 fogli firmati anche con sangue
che poi ho bruciato, di alcuni rubati ne hanno fatto documenti.
LE mie pagine, parte 2x
Narro
lascio spazio ai pensieri
mi drogo
so che è tossico
pericoloso
mi piace
sono un cuoco.
Odo note mute e a volte le vedo,
ma non in video.

ESTASI LISERGICA

Con questo mio scritto ho voluto dare il mio apporto personale
all'esperienza medianica, spirituale, psichedelica e visionaria. La quale è
stata provata come esperienza stessa di acido lisergico, funghi allucinogeni
dai più blandi fino ad arrivare all'amanita muscaria e altre droghe in
generale.
Questo libro è liberamente tratto da Le porte della percezione di Aldous
Huxley.
Con il termine allucinazione si tende a definire qualcosa che per la Scienza
e soprattutto la psichiatria è frutto dell'immaginazione, qualcosa di astratto
ed inesistente nella realtà, ma che la mente proietta nel cosmo e la si riesce
in qualche modo a vedere.
Uno psichiatra, però, molto difficilmente avrà provato tale esperienza, o

meglio, la avrà anche provata, ma sempre con l'occhio dello studente in
psichiatria o dello psichiatra già tale, e non come psichedelista visionario.

Il visionario ateo potrebbe altresì bollare come falsa l'allucinazione o
visione, mentre quello agnostico si porrà inevitabilmente delle domande, e
quello credente darà una sua spiegazione più o meno razionale a ciò che le
droghe gli hanno permesso di vedere.

Sotto allucinogeni, io, da agnostico, vidi spettri e fantasmi, dalle sagome
così ben definiti e mobili che non riesco nemmeno oggi, a distanza di più
di 10 anni dagli eventi più significativi, a bollare tutto come "frutto della
mia immaginazione".

A scuola studiavamo Dante Alighieri, ed io egli vidi, trasparente ed in
grado di fluttuare e di muoversi, ad una velocità tale che rende difficile a
spiegarsi, e sia spiegarlo.

Vidi poi disegni sul soffitto della mia stanza, un uccello di fuoco, una città

rossa, le Caravelle, un guerriero, tutto come dipinto sul soffitto della
stanza, ma avvicinandosi ad essi, essi sparivano e lasciavano posto al
bianco della vernice, mentre distendendomi sul letto riapparivano dopo un
po', per restare lì, con me sotto a guardare stupefatto di ciò che stavo
vedendo.
Da agnostico, mi feci domande, pensai che forse poteva essere un effetto
della mente, che, attraverso gli occhi, o il terzo occhio, proiettava sul
soffitto della stanza tali figure magnifiche, ma poi vidi Dante in puro
spirito, tridimensionale, e lì non seppi più che pensare, se non che un Altro
Mondo, ai confini della percezione della realtà, esista.
Un mondo che sta dall'altra parte dello spettro elettromagnetico, un mondo
fatto di figure mitologiche e divine al tempo stesso, reali, quasi tangibili
nella loro intangibilità, legate a questo di mondo, più di quanto non si
pensi o creda.

Come anche Huxley ha affermato, appunto,
queste figure della mente più
remota, sono reali, ne sono convinto.
Vidi poi un giorno una nuvola, enorme, essa
prese a poco a poco le figure
di un drago, enorme, ma talmente definito che
stentai a credere fosse una
nuvola, egli mi guardava e sorrideva, io
esterrefatto rimasi un'ora fisso a
guardarlo.
Le droghe migliori, o meglio, le esperienze
migliori con le droghe, se non
se ne abusa, sono con quelle allucinogene,
senza ombra di dubbio.
Addirittura, so di alcuni conoscenti che presero
un determinato tipo di trip
in cartone, il quale pare, e su di me ha avuto
anche questo effetto, pare,
dicevo, siano in grado di aprire le percezioni al
mondo delle ombre. Mi
dissero: "con questi noi vediamo le ombre", lo
presi assieme a dell'oppio e
dell'MDMA, e vidi prima una sorta di frattura
della realtà, con tanto di
"mondo che sentivo spaccarsi sotto i piedi",
poi, il giorno dopo svariate,

ma non molte, ombre muoversi.
Senza ombra di dubbio l'LSD può essere
potente, e anche deleterio, ma il
massimo effetto lo danno i funghi allucinogeni,
posto che io non ho mai
provato il peyotl,
Fu proprio con l'amanita muscaria che vidi gli
spettri, sebbene in quel
periodo facevo uso un po' di tutto quello che
mi capitava a tiro.
Lo psichiatra tende a chiamare allucinazione
qualunque cosa non rispetti i
soliti canoni materiali di materia e razionalità,
mentre il mondo non è
affatto poi così razionale, se ci pensiamo, la
follia imperversa, le leggi
fisiche non sono state scoperte in quantità
abbastanza elevata per trarre
conclusioni sull'Aldilà o su un ipotetico Dio.
La Scienza in tutti questi secoli o millenni non
ha ancora dato, e forse mai
darà la risposta al quesito fondamentale che è
la vita e la morte, l'esistenza
o meno dopo la dipartita.
Ci possono però venire in soccorso le droghe
allucinogene, il loro potere

intrinseco di amplificare ed ampliare le
percezioni visive, uditive, olfattive
eccetera, unite ad un po' di estro e forse anche
ad un po' di fede, non per
forza in una religione ma anche solo
nell'Universo, ci possono trasportare
e trasporre in un mondo fatto di ultrasuoni,
visioni, parti di spettro
elettromagnetico che da sobri non penseremmo
mai possa davvero esserci.
Io per primo iniziai il mio deleterio ma
edificante percorso medianico e
visionario per dubbio, per mancanza di fede,
per paranoia e interrogativo,
mi ritrovo ad oggi che la morte in quanto tale,
non mi crea più una
insostenibile angoscia … certo meglio che sia
per cause naturali e lontana
a venire, questo senz'altro …
La meditazione, anche, mi ha aiutato molto in
questo processo.
Ascoltare i rumori, ma non la TV o la musica,
bensì il traffico di fuori, il
vento, il vocio, il relativo silenzio.
Concentrarsi per rilassarsi e rilassarsi per
concentrarsi, tutto per meditare,

passare molte ore alla settimana così, tempo preso agli svaghi odierni per

dedicarlo ad un più introspettivo ed edificante mistero.

Ne Le mie pagine ho scritto delle doti occulte che penso abbiano svariate

specie di insetti volanti, tra il teletrasporto naturale e l'invisibilità, assurdo

lo so, ma sono convinto di averci preso, anche ciò però, così come le

visioni degli spettri, è stato definito quasi sempre come immaginifico da

alcuni psichiatri, che a dire il vero col tempo hanno moderato le loro

opinioni.

L'agnosticismo, però, a mio avviso, è molto più razionale dell'ateismo,

poiché non esclude a priori né l'esistenza né la non esistenza di un Dio o

dell'occulto.

Come ho scritto ne Le mie pagine, sono convinto che gli insetti volanti abbiano doti occulte, forse paranormali, sono altresì convinto che l'HLC del CERN non funzioni a dovere, e che ci sia la possibilità che i fantasmi esistano.

Ormai ho un po' abbandonato l'osservazione degli insetti anche perché insetti come le mosche mi danno assai fastidio, vogliono nutrirsi di me.

Ma sono sicuro, a volte li vedo ancora, scompaiono dallo spettro visivo, entrano in una parte di spettro elettromagnetico invisibile all'occhio umano, ed è come se fosse il loro medesimo teletrasporto.

Neurotrasmettitori sconosciuti, batteri invisibili al microscopio, velocità del volo e effetto ottico ingannevole, tutte probabilità, io penso siano neurotrasmettitori sconosciuti che si attivano durante la librazione.

Questo mio è solo per concludere il lavoro, le ultime pagine di sunto de Le mie pagine.

Non ho più la capacità di scrivere molto in effetti, penso di aver già scritto tutto quello che potevo scrivere.

I fantasmi … da giovane vidi dei "fantaspettri" in aria, volare, passarmi davanti, anche riflessi allo specchio, anche nelle nuvole, anche enormi, anche delle dimensioni di un umano, anche di animali, sia statici che semoventi, mobili.

Non racconterò nel dettaglio poiché l'ho già fatto abbastanza in Estasi lisergica, questo è solo un sunto.

Penso che l'ectoplasma, lo spettro, l'anima, il fantasma di ogni cosa, anche delle pietre o delle macchine o dei robot o dell'erba o di una mosca sia parte del cosmo, che il cosmo abbia un disegno prefigurato destinato a durare x tempo dopo la morte.

Sono agnostico, è vero, non sono credente, non credo fermamente in un Dio, anzi forse in Dio non credo proprio…

Fatto sta che so ciò che ho visto, e nessuno potrà mai dirmi che è un falso ricordo o un transfert, semmai delle allucinazioni, ma io penso che dietro alle allucinazioni ci siano percezioni amplificate che rendono visibile parte di ciò ch'è reale ma ch'è invisibile ad occhio nudo, proprio come questa faccenda degli insetti, che, a dire il vero, è proprio la cosa che mi ha spinto a pensare che allucinazione è un termine vago, che non sempre descrive correttamente un fatto.

Non so dove risieda l'anima, se nel cervello, in tutto il corpo, da nessuna parte …

So però che io i morti li ho visti.

Non voglio creare un libro inutile, quindi per ora mi fermo qui, allegando i miei lavori precedenti a questo sunto molto breve, chissà che in futuro non lo continui, ispirazione permettendo…

www.ingramcontent.com/pod-product-compliance
Lightning Source LLC
Chambersburg PA
CBHW020333290526
45785CB00007B/3044